शब्द शिल्पी नहीं में

कविता संग्रह

चन्द्र विजय

अंजुमन प्रकाशन

Title : Shabd Shilpi Nahin Mein
Author : Chandra Vijay

Published By-
Anjuman Prakashan
942, Mutthiganj, Prayagraj, 211003
www.anjumanpublication.com
anjumanprakashan@gmail.com

Printed and bound in India.
Paperback, First published by Anjuman Prakashan in 2022
ISBN : 978-93-91531-34-8
Copyright © 2022 Chandra Vijay
Printing rights reserved : Anjuman Prakashan 2022
Cover & Typeset by Anjuman Prakashan

Price in india: 200/-

आत्मकथ्य

साहित्य के गूढ़ार्थ को समझना अपेक्षाकृत तब सहज प्रतीत होता है जब आपके संवेदनशील भाव परिवेश को आत्मसात कर लेते हों अन्यथा साहित्य के सागर में जितने गोते लगाने का प्रयास करें उथले, परिधि को पार नहीं कर सकते।

सृजनात्मक दृष्टिकोण से कहें तो मैं जिस संथाल परगना अंचल में रहता हूँ वहाँ का सम्पूर्ण परिवेश ही साहित्य का विविध स्वरूप प्रस्तुत करता है।

एक ओर हरीतिमा से आक्षादित पहाड़ियाँ, सुगम संगीत की तरह झरनों का स्वर लहरियाँ मन को पाशबद्ध करने को आतुर बाहें फैलाये मिलता है तो वहीं दूसरी ओर भूख-वेदना के स्वर मन को झकझोर देता है।

मैं शैशव काल से इन स्वरूप को देखता आया और पता नहीं कब यही स्वरूप मेरे अंतर्मन में अंतर्भुक्त होकर रह गया जिसका परिणाम है कि मेरे अंदर एक तड़प है, वेदना है कि उन आंचलिक रूप से राजमहल की पहाड़ियों की श्रेणियों में निवास करने वालों की विषम व्यथा- कथा लिखूँ। इस दिशा में सदैव मेरा प्रयत्न ही मुझे लिखने को प्रेरित करता है।

"शब्द शिल्पी नहीं मैं" को किस रूप में लिया जायेगा, यह तो ज्ञात नहीं मुझे किन्तु यदि आपका स्नेह-सम्बल मिला तो मैं अपने प्रयासों में निरंतरता बनाये रखूँगा।

पुस्तक प्रकाशन के लिए मुझे निरन्तर प्रोत्साहित करने वाली मेरी अर्द्धांगिनी "नेहा प्रिया" वास्तव में मेरे ऊर्जा का सार है तभी सृजन हो पाता है। पुत्र प्रथम पीयूष एवं पुत्री ऐशा चंद्रणसी यद्यपि सृजन की बारीकियों से इतर हैं किंतु उनकी सहज वृति मुझे निरन्तर प्रवाहमान बनाये रखता है।

माता इला प्रसाद, पिता सुरेश प्रसाद का ऋणी हूँ जिन्होंने आंचलिक पीड़ा को मेरी पीड़ा बनाने में मदद की।

आप सब पाठक वृन्दों से सादर अनुरोध है कि कृपया अपने विचारों से मुझे अवगत कराने की कृपा करें ताकि भविष्य में बेहतर लिखने का प्रयास कर सकूँ।

सादर अभिवादन के साथ

आपका ही

चन्द्र विजय प्रसाद 'चन्दन'

समीक्षा

अभी तीन दिवस पूर्व चन्दन जी का फोन आया जिसका सार था कि उनकी छन्दमुक्त कविताओं का संग्रह 'शब्दशिल्पी नहीं मैं' प्रकाशन के अन्तिम चरण में है चूँकि इस संग्रह के प्रेरक आप हैं अतः मुझे ऐसा लगता है कि संग्रह पर आपके विचार होने चाहिए किन्तु अत्यन्त संक्षिप्त एक पृष्ठ का ही होना चाहिए; संग्रह मुद्रण हेतु बिल्कुल तैयार है आप रविवार तक अपने विचार लिख भेजिए मैं संग्रह का पीडीएफ आपको प्रेषित कर देता हूँ। निश्चित् ही कम समय में व कम शब्दों में किसी कविता संग्रह को पढ़कर उसका सारतत्व एक पृष्ठ जितने कम शब्दों में लिखना अत्यन्त दुष्कर है। फिर भी ऐसा नहीं है कि मैं उनकी कविताओं पर कुछ नहीं कह सकता क्योंकि दीर्घावधि से उनकी रचनाओं को पढ़ता आ रहा हूँ। इस संग्रह में उनकी तिहत्तर कविताएँ प्रकाशित हैं। सर्वप्रथम हम कविता की काया पर मनन करें तो पाते हैं कि उसका रूप सुचड़ है, उसका सीधे खड़ा, लोचदार, लयमय, तन्वंगी तन देवनागरी के शब्द रत्नों से सुसज्जित अत्याकर्षक प्रतीत होता है। वे विविध विषयों के सुन्दर वस्त्र धारण किये हुए हैं। किसी के तन पर वेदना व दया का पीतवर्णी वस्त्र है, किसी के तन पर जीवनदर्शन का श्वेत वस्त्र है, किसी के तन पर प्रकृति का हरित वस्त्र है, किसी के तन पर भूख, दुर्बलता, दरिद्रता व दुर्दशा का काला वस्त्र है तो किसी के तन पर कोमल, कठोर, कृपालुता, कर्मठता के हरे-लाल रंग के वस्त्र। राजमहल की पहाड़ियों का अछूता अभावग्रस्त शोषित अनगढ़ सौन्दर्य वेदना की निब से होकर करुणा मसि के रूप में कागज में उतरा है। राजमहल की पहाड़ियों से/पेट में उभार लिये/जब उतरती हैं लड़कियाँ/तब कविताकार का हृदय विदीर्ण हो जाता है। 'देहगन्ध' की मादकता 'स्खलित पौरुष' का कारण बन कवि की असमर्थता के अवसाद के रूप में बिम्बित होती है।

नर-मादा का आदिम प्रेम कवि में 'दिगम्बर मनोभाव' जाग्रत कर जाता है। कभी 'यौवन का उन्माद' में/आनन्द और उत्तेजना/की मादकता व स्फूर्ति कवि की वाणी में प्रस्फुटित हो उठती है। समग्रतः संग्रहित कविताएँ चन्दन जी के सम्वेदनशील हृदय व बहुआयामी व्यक्तित्व की दृष्टान्त ही हैं।

तत्पश्चात् काव्य कलेवर के केन्द्र में पहुँचकर मैंने कवि के हृदय सिन्धु में ग्यारहों रसों को छलकते पाया। राजमहल की पहाड़ियों में समय से ताल-मेल बिठा पाने में असफल आदिवासियों ने आपके हृदय के कारुण्य को अद्यदिवस

पर्यन्त आन्दोलित कर रखा है। देवघर देवस्थान मातृभूमि ने आपकी हृदयभूमि में सर्वत्र स्वाभाविक आध्यात्मिकता का उर्वरक छींट दिया है। जीवनदर्शन प्रतिबिम्बित करती 'पाषाणवृत आवृत्ति' जैसी अनेक कविताएँ इस संग्रह में हैं। 'ऊसर मरुथल' में चन्दन जी ने भावों की लहलहाती फसल खड़ी कर दी है। आपकी अलौकिक, सुन्दर, सुपावन, सनातन, संस्कृतनिष्ठ हिन्दी का प्रयोग पाठक के हृदय को पूर्णतया काव्यमय कर जाता है। अवश्य ही चन्दन जी का यह कविता-संग्रह हिन्दी साहित्य की महत्वपूर्ण काव्य-कृतियों में गण्य होगी। मेरी अशेष शुभकामनाएँ हैं...।

अशोक व्यग्र

भोपाल।

वाट्सएप्प न. 9617249617

अनुक्रम

कविताएँ

देह-गन्ध

प्रेम
परिणाम की प्रत्याशा में
तुम्हारे हृदय-सोपान से
उतकर आता नहीं, क्यों- ?

क्या
विनिमय के विचारों से
अभिप्रेरित होकर ही
मन-उपवन पुष्प खिलते हैं।

सुनो
देह-गन्ध से मोहित
आकंठ आह्लादित
अनुबंध आधारित
वलयगत विचारों के
तरण-ताल में डूबना
वैचारिक प्रेम भले हो
किन्तु/नैसर्गिक
प्रेमानुभूति तो नहीं है..

सच है कि-
ऊसर जीवन में
प्रेमानंदित मगन मन
रौंदा ही गया, इसलिए-
परिभाषित नहीं कर सकता
प्रांजल प्रेम
तभी तो परित्यक्त हूँ...!!

"शब्द शिल्पी नहीं मैं"

भावों के तरणताल में
डूबता-उतरता
स्वयं को तलाशता रहा
किन्तु/ जाने क्यों
जल विहीन हो गया मैं..

जड़ता बोध लिए
प्रासंगिकता उल्लेखित करूँ
इतना सामर्थ्यवान नहीं
इसलिए, विलोपित हूँ मैं..

यद्रूपि
कालांतर में
राग-विराग की
विवेचना साध्य हो तो
किंचित अवशेष नहीं मैं..

प्राण-प्रण
उर्जान्मुखी अभिलेख
उपस्थापित हुआ तो
स्मृतिशेष अवयवों की तरह
पुनर्स्थापित होऊँगा मैं..

भले ही
सार्थकता
सन्देह रहित ना हो तब
अनुरागी हूँ मैं..

सरल है कहना
भावाव्यक्ति सरस् नहीं
और/अंतर्द्वंद्वों में युद्धरत
पराभव प्रतीक हूँ मैं..

पर, सच तो यह है कि
विच्छेदित नहीं
इसलिए
जीवन के स्पंदन शेष है

परियों के कथादेश की तरह
उतर आऊँगा
तुम्हारे मन-आँगन
तब/जबकि
शब्द शिल्पी नहीं मैं..

दिगम्बर मनोभाव

नहीं जानता
पुरुष अधिभार क्यों
महसूस होने लगा तुम्हें?

क्या
स्वयं का विशिष्ट बोध
परिचायक है तुम्हारा..?

प्रतिकार
पुरुष और पुरुषार्थ का
समझ नहीं पाया आज भी
क्योंकि, तुमसे इतर
दिखा नहीं कुछ..

परम्पराएँ
पीड़ित करती हैं तुम्हें
घूँघट की ओट में
तो, स्वयंभू सार्थक मति बन
चल पड़ो परिधि-पार

दिगम्बर
मनोभाव पर
सापेक्षता तलाश कर
गढ़ लो नवल भाव
निज हृदय प्रदेश में..

चरित्रहीनता
अर्धनारीश्वर स्वरूप नहीं
बल्कि, कापुरुष विवेचित करता रहा
मैं भी, तब फिर
तुम्हारा अस्तित्व
पृथकतावादी परिभाषित नहीं..

यदि
अबला मानता
तब कोख में
स्वयं का अस्तित्व
कैसे सुरक्षित रखता..?

यदि कहूँ तो
दैहिक परिधि से
स्वयं को बाहर निकालो
और संघर्षों का सम्यक
रूप गढ़ो
ताकि, प्रकृति को साध सकोगी..

यदि नहीं तो-
व्यक्ति और पुरुष को
परिभाषित करो फिर से..

कब
तुम्हारे अतिरिक्त
स्वयं समर्थ होने की
घोषणा की है मैंने..??

स्खलित पौरुष

जीवन का युगल
सुगम-संगीत
या फिर-
दैहिक ग्रन्थियों में
स्खलित है पौरुष..?

दुरूह
मानसिक विकार मेरा
या विखण्डित
अर्धनारीश्वर हो तुम..?

प्रतिदिन
पीड़ित स्वर
सुनाई पड़ते हैं मुझे
जैसे मैंने-
आक्षादित कर रखा है तुम्हें
वगैर यह जाने कि
नदी के तो पाटों के बीच
बहती एकल धारा हो तुम..!

विवेच्य नहीं होगा
यह कह देना मेरा कि-
प्रत्यारोपित पुरुषत्व
शापित पाशबद्ध
अवयवों की तरह है, जो-
तुम्हारे अंक को
आक्षादित कर रखा हो
अनापेक्षित
अमरबेल की लताओं की तरह..

सुनो-
विमुक्ति की प्रत्याशा तुम्हारी
प्रतिकार को आवेशित हो
इसलिए अथक अरुणिमा बन
आलोक पथ का अनुसरण करो
क्योंकि/एकल आदित्य सदृश्य
तुम्हारा अस्तित्व गौण न हो जाए
इंद्रियों में खोकर ...!!!!

यौवन का उन्माद

जब शब्दों को
मोतियों सा पिरोना
सिख जाऊँगा
तब लिखूँगा कविता
वासना का...

जब परिपक्व होंगे
शब्द मेरे
तो, सीख जाऊँगा
लिखना कविता
और तब लिखूँगा
आनंद और उत्तेजना...

अभी रुको
शब्द-सामर्थ नहीं हैं
लिख नहीं पाता मैं
प्रणय अनुराग विरचित कविता
इसलिए, लिख जाता हूँ
यथार्थबोध के उन्मुक्त भाव....

सुनो -
दम तोड़ते हैं शब्द मेरे
इसलिए, काल के कपाल पर
नित्यानुरागी वर्तनी दोष लिए

शब्द शिल्पी नहीं में

लिख जाता हूँ कविता
जिसमें उल्लेखित होते हैं
यौवन का उन्माद...

अभी साधनारत हूँ
शब्दों के संकलन में
ताकि, लिख सकूँ कविता
जिसमें अर्द्धविकसित उरोज
और, कमनीयता के प्रांजल पीठ पर
उकेर सकूँ संतति सुराज....

प्रतीक्षा करो
जब शब्द सामर्थ से
परिपूर्ण होगा शब्दकोष
तब लिखूँगा कविता
जिसमें होंगे
भूख पर बिलखते शैशव का
प्रतिकार
क्योंकि, कविता के कोमल भाव
चित्कार की अनसुनी करने का
नाम ही तो है ना??

पर्ण-पात के छाँव तले

भले ही
सुर्ख गुलमोहर-सा
मेरा वर्तमान
लुभाता हो तुम्हें
किन्तु सच तो यह है कि
ग्रीष्म की तपिश
हृदय के सुकोमल भाव
जला डालता है....

कैसे कहूँ
अन्तस्-अनुराग
पर्ण-पात के छाँव तले
पसरते नहीं
ग्रीष्म की अनुभूतियाँ समेट...
जाने क्यों ..

जानता हूँ
चुहचुहाते पसीने के गंध संग
बह जाना है
पावस के प्रथम बूँद का
सानिध्य पाकर
बावजूद स्पर्शानुभूति
पददलित ही होने हैं
प्राकृत प्रवृति सहृश्य..

तुम्हारी उपमाएँ

लोग कहते हैं मुझे
माँ पर लिखो-
समझ नहीं पाता
क्या लिखूँ ?

चलो, कोशिश करता हूँ
और आज ही लिखता हूँ

माँ
अब तुम
एकदिनी ही रह गई हो
इसलिए हम आज
तुम्हारे नाम का
दिवस मनाते हैं....

भले ही
नाभिस्थल से
जुड़ाव रहा
नौ मास का
और तुम्हारे लहू से सिंचित हुआ
मेरा नवगढ़ स्वरूप
बावजूद
तुम्हारी उपमाएँ
पन्नों तक सीमित है
तभी तो-
तुम्हारे कालजयी चरित को
प्रतिवेदित करता हूँ
ताकि समारित रहो
मातृदिवस के रूप में..

दहकते पलाश

मरीचिकासा भ्रम
भले ही हो मरुथल में
किन्तु जीवन स्पंदन
अभी शेष हैं
इसलिए कैक्टस
उपमाएँ अर्जित करता है
पीतवर्णी पुष्पों के संग..

धवल पारिजात
झरते धरा पर
विनष्ट नहीं होते
अपितु थाल आरूढ़ हो
समर्पित होते हैं/
आराध्या स्मृतिशेष बन
दैवीय श्रीचरणों में..

दहकते पलाश
यद्यपि पावन परिवेश
नहीं गढ़ते किन्तु-
अग्निवाण बरसाते
सूर्य की प्रखर किरणों को
आत्मसात कर
जिजीविषाओं के
उष्ण धरातल को
अलंकृत कर ही जाते हैं..

माना-
गन्तव्यहीन पथिक सदृश्य
यायावरी जीवन दिशाहीन है
किन्तु सच है कि-
अनुराग-वसंत
हृदय में प्रतिस्थापित है मेरे
तभी तो प्रेम हूँ मैं..

अंतर्कथा

सुनो ना
आज अच्छी सी
तस्वीर लगाकर
तुम्हारी महिमा का
बखान करूँगा
और तुम्हें
दुनिया की सबसे अच्छी
माँ कहकर
अपना सर्वोत्कृष्ट
श्रद्धा अर्पित करूँगा
तभी तो बता सकूँगा
गर्भस्थ भ्रूण की
अंतर्कथा..

भले ही
तुम्हारी जर्जरावस्था
वितृष्णा के भाव
भर देता है मेरे मन
और/चाहता हूँ
हमारी हँसती-खेलती
गुदगुदाती-सी दुनिया से दूर
वृद्धाश्रम की शांतचित्त
आवोहवा में
छोड़ आऊँ तुम्हें

ताकि वानप्रस्थी बन
ईश्वर के सुमिरन में
महानिर्वाण पथ की ओर
अग्रसारित हो जीवन..

सच है कि
जीवन के स्पंदन
शेष होने तक
भारयुक्त हो जाती हो तुम
यह जानते हुए कि..
उदर में लहूपान कराती
मेरे भार पर कभी
गदगद हो उठती थी तुम..

इसलिए
इसे कमतर मत समझना
कि-
तुम्हारी तस्वीर पर ही
दिन विशेष पर
श्रद्धा ज्ञापित करता हूँ
जो चरम है मेरा
मातृत्व ऋण का..

आवरहीन

जाने क्यों
शब्द नहीं हैं मेरे पास
जिसे गूँथकर
व्यक्त कर सकूँ
आवरणहीन होते
राजमहल के पहाड़ियों की वेदना...

कैसे लिखूँ
हरिताभ वन-संपदा युक्त
वनाक्षादित लावण्यमयी
अल्हड़ नवयौवना के
मधुमय गीत,जब-
नग्न देह प्रदर्शित कर रहा हो
उष्णता ओढ़ चुके हमारी असंवेदना...

नहीं जानता
शब्दों की सार्थकता क्या हो
जब लिखूँ जीवन-वृतिकाएँ
इसलिए, असहज हूँ कि
मेरे प्रेम में रची-बसी
वो पहाड़ियाँ विलुप्त क्यों हो गयी
जो मेरे कल के बचपन का
प्रतीक सहृश्य था....

नहीं जानता
यह कैसे लिख पाऊँगा, कि
निरन्तर अट्टालिकाओं के निर्माण में
प्रयुक्त होते "पाकुर स्टोन" के नाम पर
क्षयग्रस्त पहाड़ियों पर अब
पलाश नहीं खिलेंगे
और ना ही
मादक महुए का मधुगन्ध
मदहोश कर पाएगा फिर कभी
क्योंकि संततियों का साक्षी
अब सिमट गया है शब्दों में...

दो रुपये में बिकता बचपन

सुनो
मैं तुम्हारी तरह
श्रेष्ठता का प्रतिमान गढ़ूँ
इतना सामर्थ्यवान नहीं
क्योंकि विरचित काव्य में
कौशलता से इतर
भूख के मात्राओं की मापनी
आँसुओं से रुला जाता है मुझे..

जानते हो
राजमहल की पाहाडियों से
पेट में उभार लिए
जब उतरती लकड़ियों का गट्टर लिए
तब मापनी नहीं होते मेरे पास,कि
माप सकूँ अजन्मे का विस्तार
जो अंतड़ियों के कुलबुलाहट संग
रक्तजीवी सदृश्य
घोंटता रहता है माँ की पृश्यता को...

जानती हूँ
तुम्हारा काव्य-कौशल
तुम्हें परिमार्जित स्वरूप देगा
और /तुम
कालजयी चरित्र के रूप में

स्वयं को
प्रतिस्थापित करोगी
जब भी मैं
कोई प्रतिमान प्रस्तुत नहीं करूँगा
क्योंकि देखा है मैंने
दो रुपये में बिकता बचपन...

सच कहूँ तो
तुम्हारी मापनी
शब्दों के सीमाओं का मान रखेगी
किन्तु काल के कपाल पर
वेदना को मौन सजाती
पाहाडियों के शीर्ष पर रहने वाली
बेटियों के
कारुण्य दशा-दिशा की मापनी
क्या होगी असमर्थ हूँ मैं
और ना ही सामर्थ्यवान ही कि-
विरचित करूँ
मापनी युक्त काव्य...

रुदाली-राग

मानस पटल पर
प्रस्तुत
नौनिहालों के
भूख और संत्रास को
कैनवास पर उकेर दूँ
तो, सम्भव है
तूलिका / रंगों का
समायोजन न कर सके
क्योंकि-
अंतड़ियों के कुलबुलाहट का
कोई रंग देखा ही नहीं आजतक..

उनके कारुण्य-दारुण्य
दिशाबोध को संग्रहित कर
विरचित करूँ काव्य, तो-
सृजनात्मक अपयश
आनंदोपाश से मुक्त होगा
क्योंकि शब्द
अंतःकरण व्यथा से
भारित होगा
वैसे ही जैसे-
भूख के वेदना को
अंतर्भूत कर
रुदाली राग बन गया हो..

शब्द शिल्पी नहीं में

संशय नहीं
अपितु
उद्घाटित सत्य है कि
मंगल धुनों के मध्य
अश्रुधार संग
अधियाचित भूख
तृष्कृत होकर भी
जिह्वा को तरल कर
घोंट लेता हो जब
तब कैसे कहूँ मैं
अंतर्मन को
वितृष्णा मुक्त परिभाषित हो
सृष्टि समर्थ यशगान करूँ..

सुनो
काव्य का सौंदर्यबोध
या, फिर-
चित्रावलियाँ
नहीं हैं शैशव
कालजयी चरित हैं
जीवन स्पंदनयुक्त....

गीत लिख रहा हूँ मैं

जानता हूँ
सृजन भी तुम्हारे
और शब्द भी
तब भी गीत लिखता हूँ मैं ...

तुम
इति और आरम्भ
अज्ञात अनादि ब्रह्म भी
तब भी
स्नायु तंत्र विकसित करता हूँ मैं ...

सच है
इला आरुणी पथ
पंख पसार
उड़ते नभ पाखी
नीड़ से निर्वाण तक
तुमसे स्पंदित हैं
क्योंकि, कोष्ठकों में भरे
वायु भी तुम्हारे हैं
तब भी परिधियों से परे हूँ मैं ...

तुम जगत पालक
मैं मलेक्ष
सूक्ष्म जग प्राणी
जीवन स्पंदन
तुममें निहित है
तब भी
स्वर साधना में लीन हूँ मैं ...

भले ही
सृजक और संहारक हो तुम
समर्थ ज्ञान वाचक
साहित्य पुरोधा
तब भी गीत लिख रहा हूँ मैं ..

कामांध

अक्सर ही
नरपिशाच होते हैं
पुरुष
उनकी लिजलिजे
स्खलन की
आवृत्तियों के संग
क्योंकि
उद्दीपन
कामातुर होकर
बलात
शीलभंग कर
पुरुषार्थ पुराण
लिख जाता है...

द्विज हैं वे
क्योंकि
रमणिका रमण को
कामांध कापुरुष
विवेचित है पुरुषार्थ..

सुनो ना
रति-रत
तुम्हारी उर्जान्मुखी
अवयवों को
विरचित कर
लिखना
चाहूँ भी तो
नहीं लिख सकता
क्योंकि
पुरुषार्थी पुरुष नहीं मैं
बस, अनुषंगी भर हूँ
जनेन्द्रिय का
जो सिर्फ और सिर्फ
तुममें ही निहित है

सच है कि
मिथ्यविहीन आचरण के
विपरीत जाकर
तुम्हारे सुर में सुर
मिलाकर
विद्रूप गीत नहीं गा सकता
जिसमें तुम भी
सदृश्य इकाई हो...

भूखे स्वर

बेहया
बेगैरत भी है
किन्तु/ऊतक
मांसल है
गदराया-सा
तभी तो
नर्म और गुदाज़
बिस्तर पर
गुदगुदे एहसास पाकर
खिल उठती है वह...

हालाँकि
मात्र घण्टे भर में ही
उबन सी हो जाती है मुझे
और आँचर के कोर
सहेजने से पहले ही
हटा देता हूँ
अपनी दृष्टि से सामने से...

क्रमवार
रात के अँधियारे में
दबे पाँव
उसका आना
और गिड़गिड़ाना

द्रवित कर जाता है मुझे
क्योंकि जानता हूँ
तीन-तीन बच्चों के
क्रंदन में लिपटे
भूखे स्वर
अपशकुनी भयावहता
परोसता है
उसके जीवन में
इसलिए याचना भरी
उसके अनुग्रह को
टाल नहीं सकता...

जानते हुए भी कि
डायन सी ही है वह
जिसने निगल लिया है
मरदूद बच्चों का पिता
भले ही महुआ में डूबा
उसका जीवन क्षयग्रस्त था
बावजूद दिहाड़ी कर
कमा लाता ही था
बच्चों के लिए भात...

ऊसर मरुथल

सुनो
मेरे भावों के
लहलहाते फसल
यूँ ही असमय
काल कलवित
हो जायेंगे क्या..?

नहीं जानता
ऊसर मरुथल में
रोप आया था
भावों का बीज
इस प्रत्याशा में,कि-
सम्वेदना के
सिंचित जल से
अंकुरित होगा
प्रेम का बिरवा..

जाने क्यों
तीक्ष्ण ऊष्मा
जला डाला है
अंकुरण से पूर्व ही
प्रणय-पूरित
प्रेम का बिरवा..

सच तो यह है कि

प्रकृति के विरुद्ध

युद्धरत छूँछा इंसान हूँ मैं

इसलिए

संघर्षों में विराम

मेरी मति नहीं

इसलिए कि-

हो ना हो

एकदिन

अमरबेल की लताओं की तरह

अपाद-मस्तक

मुझसे आ लिपटोगी

इसलिए प्रतीक्षारत हूँ

सृष्टि के समापन से पूर्व तक.. ।

सेमल का फूल

सुनो लड़की-
भित्ति मृद पर
उकेरता हूँ जब भी
भावप्रद तस्वीर
तब जाने क्यों
रंग पसर जाता है...

जानती हो
बड़े जतन से
वन-पलाश, और-
हरि पत्तियों से
बनाता हूँ रंग
किन्तु जाने क्यों
तूलिका को
भिगोते ही
पसर जाता है
और मैं
बना नहीं पाता हूँ
भावों के
मृद भित्ति पर
तुम्हारी तस्वीर..

ओ लड़की
अविरामी गति है मेरी
इसलिए
निरंतरता भंग न होने दूँगा
क्योंकि
ऊष्मा संश्लेषित
सेमल का फूल हूँ मैं...

दैहिक ग्रन्थियों का बोध

औरतें
कब होती हैं बराबरी पर
बल्कि वो तो
चारित्रिक रूप गढ़ती हैं
पुरुषत्व का
स्वयं के अस्थि-लहू-मज़्ज़ा से..

औरतें अगर
दुर्बल होती, तो-
सृजन कर पातीं
पुरुष का..

कतिपय मान लूँ
दैहिक ग्रन्थियों का बोध
पाशविकता प्रदर्शित करते हों
किन्तु सच तो यह है कि
देह-गन्ध से स्नायुतन्त्र
विकसित करते हैं जो
पुरुषार्थ की परिधि से परे हैं
तभी तो-
कापुरुष संज्ञा विवेचित है

पाषाणवृत आवृति

भले ही मैं नहीं जानता
राग-विराग, किन्तु-
ग्रीष्म की तपिश में
खिलखिलाते गुलमोहर की
अनुभूतियों को समझता हूँ
क्योंकि
पाषाणवृत आवृति है मेरी.....

पर्णविहीन वृक्ष जब
वसंत के आगमन पर
आनदोत्सव मनाते हैं
तब/ वनाक्षादित पलाश के
चटख लाल रंगों की
अनुभूतियों को समझता हूँ
क्योंकि
पाषाणवृत आवृति है मेरी....

सच कहूँ यदि मैं तो
सेमल के
विशाल वृक्षों के शाखों पर
लदे-फंदे फूलों को
भुलाना चाहूँ भी तो
भूल नहीं सकता
क्योंकि
पाषाणवृत आवृति है मेरी.....

तुम्हें अजीब लग सकता है
पाषाणवृत आवृति मेरी
किन्तु सच है कि
वनाक्षादित
इन फूलों की तरह
झर जाना है
पहाड़ों की तलहटियों पर
जहाँ अब
वसंत नहीं पसरते..

गहन रात हूँ मैं

सुनो ना शाम्भवी
सूरज के सातवें अश्व पर
सवार होकर जब भी
संभावनाओं का शतदल
अनादि ब्रह्म की उपादेयता
सच करने को आतुर होता है
तब गोधूलि
अवलोकन अवरुद्ध कर जाता है
क्योंकि गहन रात हूँ मैं...
सच है कि
नवल पथ आलोकित
अरुणोदय की साक्षी हो तुम
इसलिए अलौकिक सदृश्य
वीतरागी बन जाती हो
जानकर भी कि-
रागात्मक अनुभूतियाँ
स्वर-लहरियाँ बनकर
अंतर्भूत हैं तुम्हारे
वैरागी मन के कोने में
इसलिए, सुमधुर संगीत हो तुम..
सच से इतर
कहूँ मैं तुमसे
यह उचित नहीं
क्योंकि जो पढा न गया
वृतिमान
सृष्टि गीत से परे
तुम भी तो वो नहीं हो ना..?

बसन्त आने को है

सुनो शाम्भवी
यद्यपि पाषाणवृत
अनुषंगी इकाइयाँ
कोंपलों के प्रस्फुटन का
साक्षी नहीं होता
तब भी जीवन के
अवशेष अभी शेष हैं...

जानता हूँ
असहज सी हो जाती हो
सोचकर कि
तुम्हारी बेली को
कैसे प्रत्यारोपित कर
शीर्ष पर प्रतिष्ठापित करके
उर्जान्मुखी कर दिया है कोई
जिससे सुर्ख पुष्प
महक बिखेर
सुवासित कर रहा है...

तुम
स्वयं को इक्षित-अनिक्षित की
परिधि से विमुक्त करो
क्योंकि वसंत आने को है
एक बार फिर से....

अनगढ़ पाषाण

अनगढ़ पाषाण प्रतीक
स्वयंभू पहाड़ हूँ
भले ही मेरी उत्पत्ति के
प्रतिमान गढ़ोगे
पर, साक्षी नहीं तुम ...

जानता हूँ
उदीयमान भाष्कर के
अनुरागी तुम
नव गीत रचोगे, गाओगे
प्रणय गीत
पर, सूरज के साक्षी नहीं तुम .....

क्षितिज़ के संधिस्थल पर
पसरते गोधूलि साँझ
तुम्हारे अंतस
अनुभूतियाँ जगा जाता है, और
रात रजत रजनी का
 विहंगम दृश्य
आह्लादित करता है तुम्हें
पर, चाँद के साक्षी नहीं तुम ......

शब्द शिल्पी नहीं में

प्रतिपल प्रवाहित निर्झरनी
सुनाती है
पत्थरों का संगीत
और, सरिता की बलखाती धार
हृदय हुलसा जाती है
पर, निर्माण के साक्षी नहीं तुम .....

तुम व्याखित करोगे
मेरे आदि-अनादि, और--
उत्पत्ति का
किन्तु, स्वरूप अनंत आकाश-सा
विस्तृत होता जाएगा
और तुम
आबद्ध हो जाओगे मुझमें
मेरे रहस्यों का अनावरण
नहीं कर पाओगे इसलिए कि
मेरे निर्माण की
 साक्षी नहीं तुम ...

प्रेम का बिरवा

यद्यपि
प्रेम को जीता हूँ मैं
किन्तु, समझ नहीं पाया
आजतक
प्रेमानंदित मगन-मन
इसलिए
वलय दृष्टिगत है.....

कलांतर से
प्रेम का बिरवा
अंकुरित हो
लतिका-सा पसरता गया
तब भी समझ नहीं पाया
उद्दीपन अनुराग
इसलिए
वलय दृष्टिगत है.....

तुम्हारे नाभिस्थल से
खुलते पंखुड़ियाँ
आनदोत्सव की अनुभूतियाँ
बिखरते फागुनी-सा
भले ही हो
किन्तु, आत्मसात नहीं कर पाया
इसिलए
वलय दृष्टिगत है......

सुनो
कपास के मद्धिम रेशे से
सील दूँगा जिस दिन
अन्तस् के कोर
उस दिन शायद
प्रेम को परिभाषित
कर सकूँगा
उससे पहले आज भी
वलय दृष्टिगत है.....

प्रणय गीत

सुनो
मुझे पता है कि
कतिपय
अनुत्तरित सवाल
तुम्हारे मानस-पटल पर
अंकित होंगे जिसके
 प्रतिउत्तर के तलाश में
विस्तृत नभ को निहारती हुई
तुम मौन होगी
किन्तु जब
प्रतिउत्तर
तुझमें ही निहित है तो
मधु-मरीचिका
संदेह रहित है...

कैसे बतलाऊँ तुम्हें कि
जीवन पुस्तक में
विरचित
शुष्ठ काव्य हो
और/मैं
हरिताभ वन सम्पदाओं से
आक्षादित
प्रणय-गीत...

इसलिए
अपेक्षा है कि-
सरिता की
निर्मल, निश्चल
धार बन
प्रवाहित रहो
अनंत काल तक..

प्रेमासिक्त मन

सुनो शाम्भवी
प्रेमासिक्त मन
स्नेहिल धागों से बंधा
अव्यक्त हो भले ही
किन्तु सच है कि
विदेही प्रेम
अंतर्भूत है
सहस्त्राब्दयों से..

परिधियों से विमुक्त
तुम्हारा प्रेम
सृष्टि का सौंदर्यबोध
अभिसारित करता है
क्योंकि प्रेम में हो तुम
सहस्त्राब्दियों से..

भले ही
पढ़ने नहीं देना चाहती
किन्तु परे नहीं मुझसे
क्योंकि
पाषाण परतदार
तुम्हारा आवरण
कोंपलों के प्रस्फुटन से
विमुक्त नहीं हुआ है
सहस्त्राब्दियों से..

शाम्भवी
परिणीति नहीं जानता
परिणीता का
बावजूद अप्रत्याशित नहीं
तुम्हारा पाशबद्ध आबद्ध होना
क्योंकि
विरचित काव्य का
शब्दालंकार हूँ मैं
सहस्त्राब्दियों से..

भूख हूँ मैं

क्या हुआ जो-
तुम्हारी तरह
नरम और गद्देदार
बिछावन नहीं है
मेरे पास...

क्या हुआ कि-
भूख से अंतड़ियाँ
अंतहीन वेदना के
करुण-ताल पर
नृत्यरत है...

क्या हुआ कि-
चीथड़ों में लिपटा तन
फ़टी बिवाइयाँ
मैले पैर
झाड़-झंखाड़ हो चुके
बालों के विन्यास पर
खो चुके बचपन का
प्रौढ़-प्रकरण बन
प्रकाव्य पृष्ठभूमि सदृश्य
विनिमय वस्तु बन गयी हूँ...

शब्द शिल्पी नहीं में

किन्तु
सच तो यह भी है कि
जीवन की व्याकरण हूँ
इसलिए
तृप्ति का एहसास लिए
सपने सजा रही
भूख हूँ मैं.

प्रौढ़ वसंत

सुनो पलाश
तुम्हारे गदराए सौंदर्य
लुभाते नहीं अब
इसलिए, मादकता
नहीं देखता मैं...

वो बातें अब
पुरानी पड़ गयी हैं, जब-
प्रौढ़ होते वसन्त के साथ
तुम्हारा रूप-लावण्य
सहज ही आकर्षित
करता था मुझे
और बरबस ही
तुम्हारे मोहपाश में बंध
आलिंगनबद्ध होने
को आतुर हो
दौड़ पड़ता था मैं....

आज हालाँकि
वन-प्रान्तरों में
दिख जाने के बाद भी
अनदेखी करता-सा
आगे बढ़ता जाता हूँ
यह जानते हुए भी कि
धरती के आँचआँचल में
सिमट रहा तुम्हारा अस्तित्व
कोरे कागजों में अंकित हो
संततियों के लिए
कौतूहलता का विषय होगा
किन्तु सच तो यह है कि
तुम्हारे सौंदर्य के विघटित होने का
कारण बना नहीं रहूँगा मैं....

बोध है मुझे
तुम्हारे चटक लाली के
विलोप होने का
साक्षी भले ही हूँ
किन्तु, तब मौन रहूँगा मैं.....

काल का गीत

सुनो
मेरी कविताओं के
अकाल मौत मर जाने से
मैं नहीं मरूँगा, क्योंकि
काल का गीत हूँ मैं...

भले ही
तुम्हें यह लगे कि
वेदना की अभिव्यक्ति
शब्दों में मुखर हो उठा है
किन्तु जानता हूँ मैं
यायावरी गतिशीलता
मरी नहीं है, क्योंकि
काल का गीत हूँ मैं...

कितने ही क्षण
विस्मृत किया
किन्तु लिख न पाया
प्रसव-वेदना
फिर भी लिखा हूँ
माँ
पर तुम कहते हो
शब्द अभिव्यंजना
सार्थक नहीं है मेरी

इसलिए
मर गयी है कविताएँ
तब भी भ्रमित नहीं हूँ
क्योंकि जानता हूँ
काल का गीत हूँ मैं....

तुम्हारी अभिव्यक्ति
समूह के साथ
चीख़ता शब्द हो भले ही
और वर्जनाओं से मुक्त
तब भी
मैं अपना यायावरी निष्ठा
विलोपित न होने दूँगा
क्योंकि
ममत्व की नाड़ी में प्रवाहित
देश और संस्कार को जियूँगा मैं
क्योंकि जानता हूँ
काल का गीत हूँ मैं...

आनंदोत्सव

पहाड़ियों से
ढलान पर उतरते
फागुनी हवा संग
मादक महुए की
सुगन्ध
बार-बार पुकारती है मुझे
और सुध-बुध खोकर
मैं आनंदोत्सव की आस में
वसंत पुकारता हूँ तुम्हें...

जानता हूँ
पहाड़ियों के शीर्ष पर
लकदक पलाश
प्रचंड अग्नि-दहक सदृश्य
आकर्षक-अनाकर्षक के
मोहपाश से विमुक्त
सुर्ख रंग परोस रहा होगा
और मैं
फागुनी बयार को
अन्तःस्थल में बसाए
आनंदोत्सव की प्रत्याशा में
वसंत पुकार रहा होऊँगा...

मति भरम नहीं मेरा
इसलिए आकंठ डूबा हूँ
आशक्ति के तरण ताल में
क्योंकि पोर-पोर में
आनदोत्सव की आहट है
तभी तो
वसंत पुकारता हूँ तुम्हें...

चन्द्र विजय

पाषाण हूँ मैं

मैं पाषाण हूँ
सहस्त्राब्दियों की
जड़ता का प्रतीक
इसलिए मौन हूँ
अंतर्निहित वेदना को
भोगकर.....

मैं पाषाण हूँ
काल का गतिहीन
प्रतीक
इसलिए संभावनाएँ
विस्तारित नहीं होते
किन्तु
स्मृति-अवशेष हूँ
विखंडन की प्रक्रिया
भोगकर.....

मैं पाषाण हूँ
अन्तर्ध्वनियों को
अंतर्भूत कर
इसलिए स्पंदनहीन हूँ
बहिर्मुखी
नियति चक्र
भोगकर......

मैं पाषाण हूँ
संततियों के
पराभव और उदय का
निष्ठुर साक्षी
इसलिए
शून्य प्रतीक हूँ
त्रासद-कथा
भोगकर...

मैं पाषाण हूँ.....

पलाश की तरह

चुहचुहाते पसीने से
निकलते गन्ध भले ही
घृणास्पद हों तुम्हारे लिए
किन्तु, यही पहचान है मेरी
क्योंकि इसी दुर्गंध की गाद से
सींचता हूँ उष्ण और उर्वर
इला को....

जानता हूँ
उबकाइयाँ सी होने लगती है
तुम्हारे नासिका ग्रन्थियों से
सम्पर्कित होते ही
पसीने की दुर्गंध
किन्तु सच का साक्षात्कार करो तो
स्वयं से आबद्ध कर
वसन्तोत्सव मनाती है इला
तभी तो क्यारियों में
लहराते हैं
पीले सरसों और गेहूँ की बालियाँ....

हालाँकि यह सच है कि
लावण्यमयी लकदक यौवन
अन्तस् के समस्त कोरों को
आकर्षित करता रहा है
किन्तु अकालग्रस्त कोष्ठक
पुनर्जीवन की संभावनाओं से परे
दहक रहा है
वनाक्षादित पलाश की तरह.....

काल का गीत

सुनो
मेरी कविताओं के
अकाल मौत मर जाने से
मैं नहीं मरूँगा क्योंकि-
काल का गीत हूँ मैं...

भले ही
तुम्हें यह लगे कि
वेदना की अभिव्यक्ति
शब्दों में मुखर हो उठा है
किन्तु/ जानता हूँ मैं
यायावरी गतिशीलता
मरी नहीं है, क्योंकि-
काल का गीत हूँ मैं...

कितने ही क्षण
विस्मृत किया
किन्तु लिख न पाया
प्रसव-वेदना
फिर भी लिखा हूँ
माँ
पर तुम कहते हो
शब्द अभिव्यंजना
सार्थक नहीं है मेरी

इसलिए
मर गयी हैं कविताएँ
तब भी भ्रमित नहीं हूँ
क्योंकि जानता हूँ
काल का गीत हूँ मैं....

तुम्हारी अभिव्यक्ति
समूह के साथ
चीख़ता शब्द हो भले ही
और वर्जनाओं से मुक्त
तब भी
मैं अपना यायावरी निष्ठा
विलोपित न होने दूँगा
क्योंकि
ममत्व की नाड़ी में प्रवाहित
देश और संस्कार को जियूँगा मैं
क्योंकि जानता हूँ
काल का गीत हूँ मैं...

नव वसंत

राजमहल की पहाड़ियों पर
जब कभी / उतरता है वसंत
मेरे भोथरे भाव
पर्ण-हीन वृक्ष की तरह
नव कोंपल दल
उग आने का प्रतिक्षा नहीं करता
क्योंकि -
नव -वसंत
पुष्प-पल्लव
रस-मंजरी
मधु-पराग
मादक-मृदुल
मोहक
भ्रमर-गान
सबकुछ सिमट गया है
तुम्हारे अंतस
इसलिए /अब
स्मृति अवशेष
ठूँठ -सा
दृष्टिगत है मेरा स्वरूप
जिसमें स्पंदन शेष नहीं हैं ..

कैनवास

मैं कालांतर से
अनुभूतियों को रोपता आया
पाषाण-परावर्तन प्रतीक हूँ ...

भले ही
तुम कह दो अगर
जीवन स्पंदन विहीन हूँ ...

तब भी
प्रतिकार नहीं करूँगा
क्योंकि, स्वयं में तिरोहित हूँ ...

नहीं जानता
नियति नित्य निरन्तर नव क्रम
क्या प्रयोगिक कृत्य हूँ ...

भले ही
भव्य भुवन भारित दिव्य
दिनकर परिमाण हूँ .....

पर
स्मृतियों का अनुगामी नहीं
कैनवास पर उकेरा गया कृत्य हूँ ..

वक्ष पर वेदना का पहाड़ लिए

क्या लिखूँ
वेदना, व्यथा या फिर
भूख की यंत्रणा
जिसे भोगता रहा हूँ
चिरकाल से

या फिर लिखूँ
मन के संत्रास की
अभिव्यक्ति
जो
अभिभाषित करता है
मेरे स्वयं को

या फिर लिखूँ
ठूँठे दरख़्त की कहानी
जिसमें कोंपलें नहीं उगते
लहुधार से सींचने के
उपरान्त भी

शब्द शिल्पी नहीं में

सच कहूँ तो
लिख भी नहीं पाऊँगा कभी
क्योंकि गूढ़ शब्दार्थ
परिभाषित नहीं कर सकता कि
वक्ष पर वेदना का पहाड़ लिए
अर्द्ध कुसुमित
वह बाला
आखिर सहम-सी क्यों जाती है
उदर त्राण दिलाते
मेरे होने मात्र के एहसास से

कैसे लिखूँ
कुलबुलाती अंतड़ियों के
करुण ताल पर
थिरकते यौवन के गीत
जब महसूसता हूँ
आँसुओं के बलि बेदी पर
थरथराता देह
क्यों आतुर हो जाती है
निस्तेज नयन से
भयकम्पित हो
मेरे पाश में बंधने से ?

स्मृतिशेष

कभी
वसंत की कल्पना
पोर-पोर में
आनंद की अनुभूति
जगा जाता था
तब वसंत
मादक अंगडाइयाँ ले
उतर आता था
राजमहल की पहाड़ियों पर ..

क्योंकि
तब मदमस्ती में डोलते
महुए के पत्ते
बिखेरते थे
मादक बासंती स्वर
और,पलाश, सेमल
दूर से ही
आमंत्रित कर
बुलाता था पास मुझे ....

अब
भावनाओं का सूर्ख
गुलमोहर
दहकता है
मानो
ग्रीष्म के दोपहर की तरह
जला डालने को आतुर
राजमहल के पहाड़ियों का
वर्तमान हो
इसलिए अब
उतरता नहीं वसंत ..

भले ही
कचनार सदृश्य
मेरा अंतस
वसंत गीत गुनगुनाता है
पर, सच तो यह है कि
वसंत स्मृतिशेष है ....

आँचर का कोर

बेहया
बेगैरत भी है
किन्तु/ऊतक
मांसल है
गदराया-सा
तभी तो
नर्म और गुदाज़
बिस्तर पर
गुदगुदे एहसास पाकर
खिल उठती है वह...

हालाँकि
मात्र घण्टे भर में ही
उबन सी हो जाती है मुझे
और/आँचर के कोर
सहेजने से पहले ही
हटा देता हूँ
अपनी दृष्टि से सामने से...

क्रमवार
रात के अँधियारे में
दबे पाँव
उसका आना
और गिड़गिड़ाना

द्रवित कर जाता है मुझे
क्योंकि जानता हूँ
तीन-तीन बच्चों के
क्रंदन में लिपटे
भूखे स्वर
अपशकुनी भयावहता
परोसता है
उसके जीवन में
इसलिए याचना भरी
उसके अनुग्रह को
टाल नहीं सकता...

जानते हुए भी कि-
डायन सी ही है वह
जिसने निगल लिया है
मरदूद बच्चों का पिता
भले ही महुआ में डूबा
उसका जीवन क्षयग्रस्त था
बावजूद दिहाड़ी कर
कमा लाता ही था
बच्चों के लिए भात...

निर्झरणी के स्वर

सहस्त्राब्दियों से
तुम्हारे मौन को
निर्जीवता माना
तब ही तो
तुम्हारे अंक को
रक्तरंजित कर
अट्टालिका खड़ा करता रहा
और तुम
विलुप्त होती रही ....

आज
महसूस करता हूँ
विलोपन का एहसास
जब, खिलते नहीं पलाश
और
सेमल का फूल .....

लासद है
आज की कहानी
क्योंकि अब
राजमहल की पहाड़ियों पर
निर्झरनी के स्वर
गुम गए हैं
और मैं
हरीतिमा से आक्षादित
तुम्हारे आँचआँचल ओढने की
कल्पनाएँ करता
स्वयं
पाषाण परिवर्तित
हो रहा हूँ ....

मधुरंग

सुनो परिणीता
सूरज के सातवें
अश्व पर सवार हो
जब आऊँगा मैं
और थाम लूँगा
तुम्हारे हाथ
अपने हाथों में
तब/चल पड़ना
मेरे संग
प्रेम की उस दुनिया में
जहाँ सर्वत्र
बिखरा होगा
मधुरंग वसंत....

सुनो श्वेताम्बरी
धवल चाँद
विहँस रहा होगा
गगन में
सितारे गुनगुना रहे होंगे
प्रेम गीत
अश्वारोही मैं
प्रेम पथ पर
चल पड़ूँगा
तब चल पड़ना तुम
साथ मेरे
क्योंकि जीवन के
मधुरंग लिए
आ गया है वसंत..

वितृष्णा

नहीं जानता
प्रकृति के कैनवास पर
उकेरी गई
कृतियों के प्रति
तुम्हारी वितृष्णा क्यों है. ?

धरती-आकाश
सूरज-चाँद
नद-नदी
नर-नारी
सर्वोत्तम सृजन
साध्य नहीं क्यों. ?

निगम-आगम
सर्वोत्तम कृति है
किन्तु तुम्हारे दृष्टि में
अनुसंधानिक क्यों नहीं. ?

अतिशयोक्ति न होगी
यदि, विरचित प्राकृतिक
काव्य सुष्ठता को
परिभाषित करती
तब शायद
एकाकी रुदन गीत
गुनगुनाने से पूर्व
पारिजात-सा
श्रेष्ठ उपमाएँ अर्जित करती..

गुमानी नदी का रेतीला पानी

राजमहल की पहाड़ियों के
तलहटी को स्पर्श कर
बलखाती गुमानी नदी का
रेतीला पानी
आज भी
मेरे अंतस को भीगो जाता है ..

भले ही
यादों की गोधूली बेला सदृश्य
मेरे स्मृति-पटल पर
गुमानी नदी का
रेतीला पानी
आनंद रस की अनुभूति
ना देता हो
किन्तु
रेत पर बने घरौंदे के
विनिर्माण की प्रक्रिया पर
तुम्हारे खुश होकर
इतराने औ
खुशियाँ बटोर
खिलखिलाने का क्षण
अक्षुण्ण है

शब्द शिल्पी नहीं में

जानता हूँ
तुम अब इन परिधियों से परे
विमुक्ति पथ प्रस्थान कर चुकी हो
पर, मैं आज भी
अंजुरी भर अनुराग लिए
अर्पण को
प्रतिक्षारत हूँ तुम्हारी ..

मरियल सी लड़की

मरियल-सी वह लड़की
सोलहवें वसन्त के
आनंदोत्सव को
नहीं महसूसती
तभी तो उजाड़ मन
चुनकर लकड़ियाँ
बनाती है गट्ठर
ताकि, सुलगा सके
चूल्हे में आँच.....

हालाँकि कल भी
गीली लकड़ियाँ
बटोर कर
सुलगाई थी चूल्हा
किन्तु, महसूस नहीं कर पाई
भात की सोंधी महक
क्योंकि पिता ने
श्रम की ज्वलनशील भट्टी को
मदिरा उड़ेलकर
बुझा आया था
इसलिए वापसी में
झोले में नहीं थे चावल....

शब्द शिल्पी नहीं में

अंतड़ियों का ऐंठन
काल के क्रूर गीत की तरह
अनायास ही नहीं
विस्तारित होते हैं
अपितु प्रतिध्वनि
अंतर्भूत है
नियत क्रम की तरह
ताकि, जीवन का स्पंदन
शेष बचा रह सके
और वह
दहकते वन-पलाश की तरह
बीहड़ की पहचान बन
अधियाचित अनुरागी बन सके..

नारी

नारी
तुम निमित मात्र
श्रद्धानवत इस
जग-तल ..!

नारी
तुम प्रणयनी
सम्पूर्ण इला
नव-तल ...!

नारी
तुम मदिरामय
सम्पूर्ण इला
पल-पल ..!

माना -
पुरुष पाशविक
है यह सोच सनातन
कतिपय
आज-कल ..!

सच है
उदरस्थ शिशु
पालती
ममत्व बाँटती
हर-पल ..!

ना कहो
नराधमी मुझको
परावर्तन परिदृश्य
समझो
चलो निज राह
प्रति-पल ..!

तुम
कहती हो
लाँघ लूँगी गगन
पर, देखा नहीं कभी
तुमने उठाये हो कदम..?

तुम
रोकती हो
अपनी अंश के
नभ विस्तृत गगन ..

चन्द्र विजय

सुनो
मीमांसा करो
कभी माँ
कभी रिश्तों की डोर से बंधी
नारीत्व ही
क्यों रोकती हो रास्ता ..!

अजीब है
सोच तुम्हारी
उन्मुक्त आकाश
उड़ना चाहती हो
पर, पंख फैलाने से पहले
कुतर जाती हो ..!

सुनो
धारा के विपरीत को
तुम जोड़ती हो
आम जीवन में
क्या, ये तुम्हारा खुद को
महिमामंडित कने का
प्रयास नहीं है?

भात की सोंधी महक

पहाड़ियों के शीर्ष पर
अगहन की धमक है
इसलिए, रोज़ उड़ती
भात की सोंधी महक है..

नंग-धड़ंग बच्चों के
भागम-भाग के बीच
जलती अँगीठी संग
रमरतिया की चहक है..

चिंताओं से मुक्त सुरजा
मादक महुए में मस्त है
भले असमय जीवन के
अवसान का धमक है...

जानता है कल अगहन
लौटकर नहीं आएगा
जीना है आज, क्योंकि-
जीवन अग्नि-दहक है...

रक्तजीवी

हे ईश्वर
परमज्ञानी न बनाना
मुझे इतना, कि
वेदना और संवेदना में
अंतर स्पष्ट न कर सकूँ...

भले ही
मूढ़ मगज़ रहूँ
किन्तु समझता हूँ
स्वार्थ के सुलगते भट्टी में
कैसे पका लेते हो
मेरी साँसें....

जब-जब
मेरी फिक्र होने लगती है
समझ लेता हूँ
नाड़ी में प्रवाहित
लहुधार का गंध
आकर्षित करने लगे हैं तुम्हें
फिर से और तुम
चूस लेना चाहते हो
बूँद-बूँद....

शब्द शिल्पी नहीं में

धैर्य रखो
न तुम्हें नराधमी कहूँगा
और ना ही नर पिशाच
कि दशकों से
दोयम समझ कर
पालते रहे थे
स्वयं के
इच्छा-अनिच्छा के अनुरूप
मेरी भूमि की तरह
उष्ण और उर्वरहीन....

सुनो
आज की सच्चाई मेरी
कीचड़ में खिले
कमल फूल की तरह है
जो, तुम्हारी तरह
शीतोष्ण मनोभाव की उपज नहीं
इसलिए, मेरी मति
विमुख नहीं हो सकता
तुम्हारे कुत्सित प्रयासों से...

आशक्ति और प्रतिबद्धताओं को
स्पष्ट कर दिया है मैंने
बावजूद, थकोगे नहीं
जानता हूँ/ क्योंकि
रक्तजीवी हो तुम..

वन पलाश

मैं
आज भी
उन पहाड़ियों पर
पसर आये
पलाश के जंगलों में
तलाशता हूँ
अपना वर्तमान
जानता हूँ
स्मृति शेष ना होंगी
जब तुम
गदराये सुर्ख पलाश के फूलों को
अपनी हथेलियों में ले
गुनगुनाती थी
प्रेम-गीत .....

आज
भले ही
 महसूस हो रहा है
कि, तुम्हारे खिलखिलाहटों के साथ
खिला वन-पलाश
ग्रीष्म की तपती दोपहरी से
परास्त होकर

खो चुका है अपना अस्तित्व-
किन्तु, सच तो यह है
पहाड़ियों के खुरदरे बदन पर
रोप आया है अपना बीज .....

इसलिए
आज फिर से
उन पहाड़ियों पर तलाशता हूँ
अपना वर्तमान
जब तुम्हारी खिलखिलाहट के स्वर
गूँजा करती थी पहाड़ियों पर ..

भूखी निगाहें

नैसर्गिक सौन्दर्यबोध कराती
हरीतिमा से आक्षादित
दूर तक पसरी पाहाड़ियों के
तलछट में
वनभोज के आनंदबोध में
डूबते-उतरते
हम सब परिजनों का
उत्साह, उमंग
उत्तरोत्तर चरम पर था
कि
दूर से दिख पड़ी
ग्राम्य-बाला
जो दोहरी होती कमर पर
नन्हें भाई का बोझ सम्हालती
ललचाई नज़रों से
टकटकी बाँधे
देख रही थी
वनभोज के व्यंजन..

गर्द-गुबार से पुते चेहरे
चिड़ियों के घोसलें सा
उलझे बाल
आवरण ढँकने में असफल
फ़टे वस्त्रों में लिपटी

शब्द शिल्पी नहीं में

उस ग्राम्य-बाला की
भूखी नज़रों से
त्रस्त होकर
व्यंजन ढँक कर रखने की
हिदायतों के साथ
उसे दूर तक
भगा आने को कहकर
खिली धूप का आनंद उठाने को
पलकें मूंद
पसर गया
और दूर तक भगा आने के बाद भी
खेत की मेढ़ पर बैठी
उस ग्राम्य-बाला की ढिठाई पर
कुढ़ता हुआ मैं
सोच रहा था
ऐसे ही भूखों की वजह से
लोग ऐसे प्राकृतिक दृश्यों का
आनंद उठाने इस स्थल पर
नहीं पहुँच पाते हैं..

क्योंकि भय है
भूखी निगाहों से
व्यंजन प्रदूषित ना हो जाए
जिसे खाकर बीमार ही न पड़ जाएँ
फूल सा मेरे बच्चे।

रौंदी जाती हरबार

कोख जनित शिशु पालते
हो जाती क्यों लाचार
है माँ की मूरत ममतामयी
करो तुम इसपर विचार

सुलग रहा तन गीली लकड़ी
धधक रहा अन्तस् ज्वाल
भूखा बिलख रहा क्यों शैशव
करुणा के उस पार

भारहीन उन्नत उरोज तन
गदराया यौवन अपार
मादक नयन अधर रस छलके
अनगिन पीने को तैयार

छलक रहा यौवन मैं देखूँ
निज नयन सुख सार
विपुल व्यथा भोगती क्यों
तुम होकर यूँ लाचार

उत्तेजना उतरार्द्ध अटल सच
रौंदी जाती हो हरबार
नराधमी मैं हूँ यदि मान तो
छलना बनती बारम्बार

नहीं विवशता ओढ़ पाहुनी
कुत्सित यह संस्कार
नर और नारायणी बनी जब
पुलकित तब संसार...

चन्द्रज्योति

मुस्काती सी
चाँद की मद्धिम रोशनी
पुकारती है तुम्हें
बार-बार
आओगी ना तुम
चन्द्रकिरण से नहलाने ?

जानता हूँ
तुम्हारे मन-आँगन
इतराई -सी अलसाई
चन्द्रज्योति
जब आएगी
तुम पुलक पाँव
हौले से
हृदय अनुराग भर
समाओगी
मेरे अंतर्मन
तब नव विहान की
कल्पना
साकार हो कदम चूमने
आएगी
चंद्रबिन्दु-सी
धीरे-धीरे ......!

क्यों लिखूँ

तुम्हारा ऊसर यौवन
जब मदमाता
देह-गंध
मनोभावों में बसा हो..?

सुनो
जब कभी तुम्हें
शब्दों में गढ़ता हूँ
कातर आँखों में
भूख के गीत ही
दिख पड़ते हैं
और तुम्हारे
झाड़-झंखाड़
बेतरतीब बाल
चेहरे पर पसरी
बिवाइयाँ
वितृष्णा भर देता है
इसलिए, लिख नहीं पाता
तुम्हारे
कुलबुलाती अंतड़ियों से उपजा
करुण-रसविहीन गीत..

सच है कि
श्वेत शेफाली-सी
दंतपंक्तियों
ताज़े खिले
गुलाब की पंखुड़ियों की तरह
सुर्ख होंठ
हिरनी सी चपल-चाल
कमनीयता प्रसारित
लतिका आक्षादित
उन्नत उरोज़
आकर्षित करते हैं मुझे
इसलिए
मधुबसन्त गीत सा
लिखता हूँ..

पाशविक पुरुषत्व

निःसन्देह
नारी हो तुम
आधुनिक और सबला
तभी तो
विरचित हैं काव्य
उद्दात्त मनोभावों के
नियंत्री व्याकरण बनकर..

साधुवाद
स्वयं के शर्तों पर
मेनका, उर्वशी बनने की
क्योंकि, प्रतीकों का अवयव
मेरे स्खलित पौरुष का
मर्दन
जरूरी भी तो है
क्योंकि
रम्भा के उत्तकों का
अभिलाषी पुरुष
कापुरुष ही तो हूँ मैं

सचमुच
पढ़ी-लिखी
आधुनिक रूप तुम्हारा
विशद वासना से परे
रेखांकित है..

सुनो न
चलो मिलकर
प्रकृति के मान्य
सिद्धांतों से इतर
एक नए प्रकृति की
संरचना करें
ताकि, द्विज-नराधमी पुरुष
लिप्सा रहित हो
अनुचर बन जाये
क्योंकि
उद्दीपना केवल
पुरुष की पाशविकता भर है
 तुम
सृष्टिधर
ताकि विरचित काव्य को
कालजयी कहने वाले
पुरूष(वि)
युग की सूत्रपात कर सको

वेदना

आज जब
राजमहल की पहाड़ियों से
सुबह का सूरज झाँकेगा
वह सरपट दौड़ पड़ेगी
कोलतार के उन सड़कों की ओर
जिधर से होकर रेंगती हुई
गाड़ियाँ गुज़र रही होगी....

निरन्तर क्रम को
विराम नहीं लगने देती वह
क्योंकि उसे पता है
सड़कों पर रेंगते
गाड़ियों के यात्रियों और
चालकों को
दातून की जरूरत होती है
इसलिए, जंगलों में सर्वत्र बिखरे
पेड़ की ऊँची शाखाओं पे चढ़
तोड़ लाती है वह दातून...

शीर्ष पर की हरी-हरी पत्तियाँ
हिलाते हुए
आशा भरी नजरों से देखती
बसों को कि अब रुके की तब रुके
किन्तु जब उसे अनदेखा कर

शब्द शिल्पी नहीं में

बढ़ जाती हैं गाड़ियाँ
चेहरे पर वेदना के भाव
गहराने लगते हैं.....

कभी-कभी
इक्का-दुक्का बस
रुकते हैं जैसे ही
आशाओं के दीप जल उठते हैं
आँखों की कातरता
विलुप्त हो जाता है
क्षणभर के लिए
क्योंकि उसे पता है
दातून के बदले मिले पैसे से
जल उठेगा चूल्हा
जिससे उठेगा
भात की महक .....

भले ही
अनभिज्ञ है उन निगाहों से
जो दातून के बदले
पैसे देने से पहले
चीथड़ों में लिपटे
अर्द्धविकसित उरोजों को
लील लेना चाहता है...........!!!

वेदना के स्वर

क्या हुआ जो
तुम्हारी तरह
नरम और गद्देदार
बिछावन नहीं है
मेरे पास...

क्या हुआ कि
भूख से अंतड़ियाँ
अंतहीन वेदना के
करुण-ताल पर
नृत्यरत है...

क्या हुआ कि-
चीथड़ों में लिपटा तन
फ़टी बिवाइयाँ
मैले पैर
झाड़-झंखाड़ हो चुके
बालों के विन्यास पर
खो चुके बचपन का
प्रौढ़-प्रकरण बन
प्रकाव्य पृष्ठभूमि सदृश्य
विनिमय वस्तु बन गयी हूँ...

शब्द शिल्पी नहीं में

किन्तु
सच तो यह भी है कि
जीवन की व्याकरण हूँ
इसलिए
तृप्ति का एहसास लिए
सपने सजा रही
भूख हूँ मैं.....

अर्द्धकुसमित बाला

क्षीण -मलिन वह अर्द्धकुसुमित बाला
निस्तेज नयन अस्त गढ़ यौवन ढाला
आह ! बिलख रही अबोध शिशु-सी
तातलोई के जल में भीगी वो सुरबाला

मादक मद भरे नयनों की वह हाला
किंचित विपुल व्यथा भोगती मधुबाला
कुलबुलाती अंतड़ियों के ऐंठन पर
तातलोई जल में छुपती ओढ़ अकेला

फटी बिबाई रत जीवन किन्तु पाला
कटि-कुसुम देख सुरभित कर डाला
भले बिलखती देह- भार लिए रौंदती
तातलोई के जल में पिसती वह बाला

अमलतास सा यौवन

क्यों लिखूँ
अमलतास-सा
गदराया यौवन
और भावों का
उन्मुक्त प्रसार..

सुनो ना
लकदक वसंत लिखूँ
तो, जाने क्यों
लिख जाता हूँ
उष्ण-ऊसर धरा पर
खिलता पलाश..

जानता हूँ
ऋतु पावस की
हरीतिमा से इतर
क्यों लिख रहा हूँ
रुदन-राग..

सच है कि
रिमझिम पावस जल
नहीं जलता है
अंगीठी में
इसलिए भूख की
भेदती दृष्टि
विराग लिख जाता हूँ..

मादक महुए की गंध

गतांक से आगे
गतिशील जीवन
एक बार फिर से
युद्धरत होगा
दो जून की रोटी के लिए....

स्मृतियाँ अवशेष लिए
अधियाचित भाव
विलुप्त हो ना हो
मेरा कल
निरन्तरता बनाए
साथ चल रहा होगा
क्योंकि
विगत वर्ष की तरह
ऋण से उऋण
ना हो सकूँगा
और/ यायावरी क्रम
चलता रहेगा
सम्पूर्ण ब्याज के भुगतान तक...

हालाँकि
मेरा गतांक
कलुषित भले ही रहा है
पर वर्तमान से जूझते
मुनिया का ब्याह
और सुकरा का आह
मेरा अपयश बन
दहकते भट्ठी की तरह
देह के आँच को
और तेज़ करेगा
तब उद्दीपन अवस्था
तलाश करने की जुगत में
मादक महुए के गंध में
सरोबर होगा
जीवन के
स्पंदनहीन होने तक...

अंगीठी में आँच

सर्द की ठिठुराती रात
हाय, कैसे बताऊँ मैं उस
षोडशी के विवशता भरी बात...

कुलबुलाती अंतड़ियों की
अंतहीन वेदना विस्मृत कर
सुरमई संगीत पर थिरकते
घुँघरुओं की थाप.....

भले ही
अर्द्धनग्न बदन से झाँकता
अर्द्धकुसुमित उरोज
पिपासुओं की देह भेदती
 दृष्टि को
समझकर भी
थिरकते कदम को
गतिहीन न कर सकी
क्योंकि पता है उसे

घुँघरुओं की खनक
थम गए तो
आज फिर नहीं सुलगेंगे
अंगीठी में आँच

तब, घर पर प्रतिक्षारत
बहनें और भाई
सहन नहीं कर सकेंगे
यह आघात.....

कलुआ

बाँस की खप्पचियों से
पीटते ढोल से निकलते
कर्णप्रिय आवाज़
दूर-दूर तक बता जाता है
"कलुआ" कि पहचान

हर शुभ काम में
उसके ढोल की है माँग होती है
इस कदर कि
लोग बरबस थमा जाते हैं
बयाना की रकम
कलुआ के ना चाहने के बाद भी

भले ही दारु की गंध में
खो जाते हो बयाने की रकम
फिर भी नहीं भूलता वह
ढोल बजाना !

क्योंकि
 जानता है वह
अगर ढोल की आवाज़
ना गूँजी तो
घर में चिल्ल-पों करते बच्चे
कुलबुलाती अतड़ियों की
धींगा-मुश्ती कर हार जायेंगे
जीवन की जंग
फिर, कौन बजायेगा
मालिकों के घर ढोल ..?

चन्द्र विजय

विद्रूप रूपक

घटाटोप अँधियारे में
सरसराती हवा संग
गूँजते झींगुरों की आवाज़
नीरवता को भंग कर
भले ही
स्वयं के होने का
एहसास करा जाता है
किन्तु, सच तो यह है कि
विद्रूप रूपक सा
मंचित भाव
मेरे मनोभावों के प्रतिकूल सा
दृश्यावलोकित है
क्योंकि
वेदना के करुण ताल पर्
भूख का रुदन गान
सुनते मेरी संततियाँ
सन्त्रास झेलने को विवश है....

हो सकता है
पसरते यौवन का उन्माद
कालजयी सृजन सदृश्य
काव्य-सृजना की
भावाव्यक्ति हो
किन्तु, कालांतर में
जब मेघाक्षादित गगन से
बरसेंगे पावस की बूँदें
तब
रेतीले नदी के धार में
विलुप्त हो चुका होऊँगा
क्योंकि
सहस्त्राब्दियों से
रुदाली बना
नीर विहीन आँखों का
सच हूँ मैं
इसलिए
सन्त्रास गीत हूँ मैं.....

अप्रासंगिक

भले ही एकांगी आशक्ति हो
हृदय अनुराग का
मेरी उन सृजनात्मक अनुभूतियों की तरह
जो, पारितोषिक प्रत्याशा के
सार्थकता से विपरीत है
इसलिए मैं
अप्रासांगिक हूँ ....

मैं वीतरागी नहीं
इसलिए अंकित कर जाता हूँ
अनुराग-विराग, और
पिंजर बन चुके
भूखे इंसान के अंतड़ियों से उपजे
वेदना के स्वर
इसलिए मैं
अप्रासांगिक हूँ ....

यौवन के गीत
उन्नत उरोज का आकर्षण
कमनीय देह की मुग्धता
और पाशबद्ध आलिंगन का
सांगोपांग दर्शन
विरचित नहीं होते
इसलिए मैं
अप्रासांगिक हूँ ....

सच कहूँ तो
स्वयं मैं ही ठूँठ मात्र हूँ
उस बरगद का
जो त्रासदियों के बाद भी
अटल खड़ा है
स्मृति-चिन्ह की तरह
जो, पर्ण विहीन उपयोगिता को
ढूँढ रहा है कालांतर से
इसलिए मैं
अप्रासांगिक हूँ .....

पौरुष काव्य

मानव
महासमुंद्र की तरह
तुम्हारा प्रवाहमान होना
नियति है या गति
नहीं जानता
किंतु भयकम्पित हो
अपनी मिट्टी चूमने
आना
सद्गति है जीवन की..

नहीं कहूँगा, कि
पलायन तब था या अब
भूख से बेहाल जीवन
तब था या अब
जब तुम
कुलबुलाती अंतड़ियों के
करुण-ताल पर
नव-कोंपल सजाए
विरमित कर गए थे
स्वयं को..

आज फिर से
चुहचुहाते देह-गंध के साथ
फटी बिवाइयाँ लिए
भूख का संत्रास झेल
आ रहे हो फिर से
मिट्टी की सोंधी महक में
स्वयं को निर्वाणी मानकर

इसलिए
प्रण-प्राण में
भाव अधिष्ठापित करो
कि, मिट्टी मौक्षदायिनी है
और अब
सनातन सत्य उद्घाटित कर
विरचित करना है
पौरुष-काव्य..

विमुक्ति

हे देव
विमुक्ति की आस
अंतहीन क्यों है..?

क्यों
दहकते पलाश की
अनुभूति देकर
उष्णता परिभाषित
जीवन विलुप्त कर जाते हो..?

हे देव
विवेचना नहीं
वीतरागी नहीं
विग्रह नहीं
तुम्हारी तरह
किन्तु अपेक्षाएँ
प्रसारित क्यों है
अमरबेल की लताओं की तरह..?

मौक्षदायिनी
महानिर्वाणी पथ गमन
सनातनी मार्ग है, त-
किंचित जीवन की प्रत्याशा
प्रतिभूति नहीं मेरी
इसलिए
हे देव
विमुक्ति का मार्ग
प्रतिवेदित करो...!

रुदन के स्वर

सुनो,
गहन नीरव रातों में
तुम्हारे रुदन के स्वर
मुझे आंदोलित कर जाते हैं
क्योंकि-
अभिशापित कालखण्ड का
पाषाण परावर्तित
स्वरूप हूँ मैं
इसलिए
चीखते स्वर
काल के कपाल पर अंकित
दृश्यानुभूतियों सा
विचलित कर जाता है

मानता हूँ
कुलबुलाती अंतड़ियों के ऐंठन पर
तुम्हारे रुदन गान
अविरामी /किन्तु
आज की गतिशीलता का
परिचायक है
अधियाचित क्षण
गौण तो कर ही सकते हो
निर्वाण को समर्पित होकर
क्योंकि
अट्टालिकाओं के इस
बीहड़ वन में
झींगुरों सी पसरती आवाज़
सार्थक हीन स्वर ही तो है
तुम्हारे रुदन गान की तरह

पाशविकता

हे मानवी
जब भी तुम
परिभाषित करती हो
उद्दीप्त उत्तकों से
रेखांकित कर जाती हो
क्यों.?

क्या/मुझे
उन्नत उरोज़
मांसल देह
या फिर-
उत्तेजना गंध ही
आकर्षित करते हैं..?

नहीं जानता
सुर-साध्य
तुम्हारी
वर्जनाओं में
कब पुरुष से
पाशविक बन गया
जबकि-
तुम आज भी
"माँ"ही तो हो मेरी..

यद्यपि
पुली-पत्नी
और/अर्द्धांगिनी मान
आलिंगनबद्ध अनुराग,
स्नेहाशीष उलीचता रहा
तब/कामातुर
उद्दीपना महसूस नहीं की
पर, तुम जब कहती हो
कापुरुष
तब /विवेचित करने लगता हूँ
कि, पाशविक परिवर्तन का
प्रतिरूप तो नहीं मैं. ?

सच है कि
कतिपय कारक होंगे
जिसे हम कापुरुष संबोधित हैं
और/बहिष्कृत कररखे हैं
सहस्त्राब्दियों से
किन्तु/तुम्हारी दृष्टि
जय-विजय निरीक्षण करती है
इसलिए
क्रूरता अधिष्ठापित
मात्र अवयव बन गया हूँ
क्योंकि/तुम्हारा होना
प्राकृत
और मैं
अप्राकृत...!

मधु-प्रांजल गीत

सच है यह कि-
मैं शब्दों का चितेरा नहीं
इसलिए, लिख नहीं सकता
तुम्हारा स्निग्ध सौंदर्य ....

मैं चाहता हूँ लिखना
झील-सी आँखों में पलते सपने
सुर्ख गुलाब के पंखुड़ियों की तरह
तुम्हारे होंठों पर तैरते मुस्कान
और,गौर वर्णी देह से फूटते
मधु प्रांजल गीत .....

नहीं जानता इससे इतर
चुपके से क्यों चली आती है
मेरे मनोभावों में
कातर आँखों से याचक सी देखती
जीवन से युद्धरत मुनिया की तस्वीर
जिसके अंतड़ियों से उपजे
भूख के स्वर मुखर हो
मुझे बैचेन कर जाता है .....

जानता हूँ
मेरा यह कृत्य
सुशोभित नहीं हो सकता
मंचों पर
और /ना ही
सम्मानीय प्रविष्टि के लिए
उपयुक्त है
परन्तु, विमुख नहीं हो सकता
क्योंकि ,सृजना के स्वर
मेरे अन्तस् अंतर्भुक्त है
कालांतर से .....

उन्मुक्त भाव

जब शब्दों को
मोतियों सा पिरोना
सिख जाऊँगा
तब लिखूँगा कविता
वासना का...

जब परिपक्व होंगे
शब्द मेरे
तो सिख जाऊँगा
लिखना कविता
और तब लिखूँगा
आनंद और उत्तेजना...

अभी रुको
शब्द-सामर्थ नहीं है
लिख नहीं पाता मैं
प्रणय अनुराग विरचित कविता
इसलिए,लिख जाता हूँ
यथार्थबोध के उन्मुक्त भाव....

सुनो -
दम तोड़ते हैं शब्द मेरे
इसलिए, काल के कपाल पर
नित्यानुरागी वर्तनी दोष लिए
लिख जाता हूँ कविता
जिसमें उल्लेखित होते हैं
यौवन का उन्माद...

शब्द शिल्पी नहीं में

अभी साधनारत हूँ
शब्दों के संकलन में
ताकि, लिख सकूँ कविता
जिसमें अर्द्धविकसित उरोज
और, कमनीयता के प्रांजल पीठ पर
उकेर सकूँ संतति सुराज....

प्रतीक्षा करो
जब शब्द सामर्थ से
परिपूर्ण होगा शब्दकोष
तब लिखूँगा कविता
जिसमें होंगे
भूख पर बिलखते शैशव का
प्रतिकार
क्योंकि, कविता के कोमल भाव
चित्कार की अनसुनी करने का
नाम ही तो है ना??

करमजली

दूरर्र-दूरर्र
करमजली, कलमुँही
फेरु बिटिया ही जनी है

पहले से ही
तीन-तीन बिटिया
उसपर
वंश-विनाश को
कोख जली ही पली

इससे बढ़िया होता
मर-मरा जाती बहुरिया
कुलक्षणी तो ना कहती
हँस-हँस के दुनिया

दीर्घ श्वाँस छोड़ती वह बुढ़िया
माथा टेकती बोल पड़ी है
कुलदीपक आ जाता
बस इसकी आस पड़ी है

वेदना भोगती बहुरिया के
आँखों से भी झरते
आँसुओं की लड़ी है
आह विधाता,
यह कैसी घडी है

दूर खड़ा जो निहार रहा
वह मरदूद पिता है
बुढ़िया माँ के आशीर्वचनों को
आत्मसात कर ही जीता है

कह ना सका
जो आयी है बिटिया
लक्ष्मीबाई और जगजननी सीता है

सशर्त प्रेम

सुनो
सशर्त प्रेम
तुम्हारी बौद्धिकता का
परिचायक हो सकता है
किन्तु, यह ग्रहणीय नहीं
मुझ जैसे मूढ़-मगज़ के लिए..

नैसर्गिक प्रवाह में
स्वयं को विलोपित कर
समर्पित कर देता हूँ
ताकि, परिवर्तित हो सकूँ
प्रेम में आपद-मस्तक..

पता नहीं मुझे
प्रेम की पराकष्ठा क्या है
इसलिए
विवेचना नहीं करता
बल्कि, समाहित कर
अंतर्भुक्त अनुराग
अनादि हो जाता हूँ..

सच है कि
यही प्रेम है मेरा
बौद्धिक विन्यास से इतर..

पाषाण परत का पानी

रुके नहीं पग थल में जिसके
उसका नाम जवानी है
नित्य नव कोंपल सजा तरुवर
हर्षित जीवन कहानी है

माना पीड़ा में विराम नहीं पर
रुका कब बहता पानी है
बन अमावस की रात अंधियारी
क्यों पसरा ऐसे वीरानी है

चल पाषाण तू पथ दुर्गम किन्तु
संकल्प विजय की ठानी है
पल-पल टूटे औं' बिखरे अनगिन
विजय वरण कर दिखलानी है

सतत गामिनी मन्दाकिनी माधुरी
सागर जल में मिल जानी है
पर बोलो क्या देखा कभी तुमने
खत्म हुई उसकी कहानी है

हाँ, निर्झरणी सी गिरी शिखर से
पाषाण परत का पानी है
गढ़ सको गर जीवन तुम ऐसा
नमश्वरण तेरी जवानी है...

चन्द्र विजय

नैसर्गिक मोहपाश

तब
हरीतिमा से आक्षादित
राजमहल की पहाड़ियाँ
नैसर्गिक मोहपाश में
इस तरह आबद्ध कर चुकी थी, कि-
पूरी तरह आत्मसात कर चुका था मैं
किन्तु, कालांतर में जिजीविषा के
गहराते विषम चाल संग
मैं भी पाषाण परत में
परिवर्तित होता गया शनै-शनै....

हाँलाकि, तब स्वयं के अस्तित्व की
पृथक पहचान नहीं थी मेरी
इसलिए, पाषाण-परत नियति मान
उष्ण-ऊसर अनुराग विहीन
पलाश की अनुभूति बन
मिट्टी में मिलकर माधुर्य बिखेरने की
असफल प्रयासों में जुटा रहा निरन्तर....

भले ही
आज वही राजमहल कपहाड़ियाँ
नग्न होते आवरण में शील ढूँढने के
असफल प्रयासों में रत है, तब-
मेरे मन के बीहड़ वन में

शब्द शिल्पी नहीं में

एक बार फिर से पलाश खिल उठा है
और/प्राण-प्रतिज्ञ हूँ कि
लौटा लाऊँगा फिर से
राजमहल की पहाड़ियों का
लकदक वसंत.....

वसंत आते नहीं

उन दिनों पलाश खिला था
तब लगा था मुझे
जंगलों में जीवन स्पंदन शेष है
किन्तु, जबसे काट डाले हैं
किसी ने
पलाश के पेड़
वसंत नहीं आते बीहड़ों में .....

मह-मह करता था
सम्पूर्ण वन परिक्षेत्र
चंदन की महक से
किन्तु, जबसे काट डाले हैं किसी ने
सुगंध कोठरियों में कैद है
और,तलाशता सुगंध
महानिर्वाणी पथ की ओर
अग्रसारित है कालांतर से
क्योंकि
वसंत नहीं आते बीहड़ों में .....

साल वन की हरीतिमा
खोने की त्रासद कथा बाँचते तुम
केंद की मिठास भूल चुके हो
स्वयं के अनुभवों की अनुकृतियाँ
उकेर कागजों पर समझाते हो

संततियों को

किन्तु, विस्मृत हो चुके बड़हड़ के स्वाद से

कैसे परिचित कराओगे तुम

झूठे शब्दजाल का परिसीमन करके कि-

हरीतिमा आक्षादित वन भू-भाग

विलुप्त होने के कारण ही

पावस का नियत चक्र भी

अनावृष्टि का कारक है

इसलिए, अगर कह सको तो इतना कहना

तुमने ही लूट लिया है

जंगलों से उसका वसंत........!

यद्यपि

अमरबेल की लताएँ
प्रसारित होकर
आक्षादित होती है
बेतरतीब वृक्षों पर
किन्तु/उपयोगिता
सार्थकहीन ही रहा
जानती हो क्यों..?

परजीवी/पित्तपोषक
अमरबेल की लताएँ
विस्तारित होकर भी
परिधि हीन है
इसलिए
संज्ञा हीनता ही
विवेचित है..

जानता हूँ
तुम्हें मेरी बात
प्रिय न लगे
और/नकार दो
मेरी बातें
क्योंकि
बौद्धिक विन्यास से परे
सनातन हूँ मैं...

वेदना

बुक्का फाड़ रोती जब बिटिया
करता हृदय हाहाकार
पर, करमजली जन्म से यह
रक्त चूसती पालनहार

बिलबिलाते अंतड़ियों की ऐंठन से
कातर आँखों में बहते अश्रुधार
पर, क्षुधा शांत करूँ कैसे, जब-
सूख चुके वक्ष में नहीं है दुग्धधार

जन्मजली आते ही निपटाई
पिता जो था तारणहार
जूठामाँज करती जीवन-यापन
भोगती वेदना अपार

पर कौन जानता सच है या सपना
पल-पल सहती कैसे अत्याचार
बन दोगली नित्य गरियाती
बिटिया पोसती रात अंधियार

सच कहूँ यदि तुम सुन लो मुझसे
उचट गया मन से यह संसार
मेहनत की भट्टी में झोंका गया
क्षयग्रस्त बिटिया का पालनहार

मत कहो मुझको अभागन
मैं उर्वर कोख जनित हूँ नार
गिद्ध- दृष्टि मांसल उन्नत उरोज़
पर, जीवन की हूँ मूलाधार

9 789391 531348